PRINCES

ET

PRINCIPES

PARIS, IMPRIMERIE DE DUBUISSON ET Cᵉ, 5, RUE COQ-HÉRON, 5.

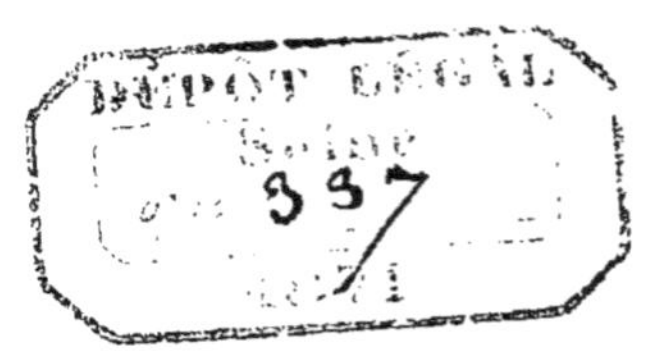

PRINCES

ET

PRINCIPES

PARIS

IMPRIMERIE DE DUBUISSON ET Ce

5, RUE COQ-HÉRON, 5

—

1871

Chaque forme de gouvernement a des règles qui lui sont propres, et le prince en qui elle se personnifie ne représente historiquement qu'un principe.

Les peuples croient facilement que le bien et le mal qui leur arrivent découlent uniquement de la capacité ou de l'inintelligence de leurs chefs ; il s'en faut de beaucoup qu'il en soit ainsi ; la liberté humaine se meut dans des limites beaucoup plus étroites qu'on ne se l'imagine, et un esprit un peu sagace peut prédire la marche générale des choses dans son pays, à l'avénement de tel ou tel personnage, quand bien même son caractère et ses lumières lui seraient parfaitement inconnus, mais par cela seul que le nouvel élu fait monter au pouvoir avec lui un principe déterminé de gouvernement.

En dehors des dictatures d'hommes ou d'assemblées, qui ne sont jamais que des situations provisoires, il n'existe en France que trois formes de gouvernement régulier :

La légitimité, le régime parlementaire et la constitution de 1852.

I

Le principe politique de la légitimité a produit
de grandes choses dans ce monde, et la société
française a vécu glorieusement sous sa loi. Voici
sa doctrine :

Une nation perd toute sécurité quand elle de-
mande à l'élection son chef d'Etat; c'est là une
base fragile, à la merci du moindre souffle po-
pulaire. En effet, un magistrat nommé par ses jus-
ticiables sera prévaricateur et vénal parce qu'il est
l'obligé de ses électeurs avant d'être leur juge ;
un officier obéira à ses inférieurs au lieu de les
commander s'il a reçu d'eux son mandat; de même
le chef du peuple ne remplira utilement son rôle
souverain de protecteur impartial de tous les intérêts, qu'avec un pouvoir d'une essence plus haute

que la faveur changeante des partis. Dans l'ordre des faits moraux, la légitimité s'inspire également d'un principe élevé. La loi ne peut tout prévoir : elle suffit à peine à réprimer le crime et le délit constatés, elle ne les prévient pas ; la religion seule, avec ses enseignements supérieurs, fait germer dans le cœur de l'homme une notion précise du juste et de l'injuste ; seule, elle est capable d'exalter dans son âme la passion du dévouement et d'y élever contre les instincts pervers de sa nature matérielle, des barrières cent fois plus fortes que toutes les législations humaines.

Les légitimistes ne s'en tiennent pas à ces deux fins primordiales de toute société : la sécurité de l'Etat et la moralité des citoyens ; leur principe sait descendre dans la pratique de notre civilisation moderne et croit y découvrir un vice profond, capable d'enrayer le mouvement industriel qui emporte aujourd'hui tous les peuples. En politique, disent-ils, rien de durable sans un principe supérieur incontesté ; en industrie, rien de sérieux, rien qui soit capable d'assurer notre prédominance sur les marchés étrangers, tant que la loi exigera le fractionnement indéfini des fortunes privées ; comment espérer la grandeur d'un établissement de commerce s'il ne survit pas à la main qui l'a créé ? Les économies réalisées du chef de la perpétuité de la maison et de son titre sont

considérables, car les révolutions et les change-
ments de règne coûtent aussi cher en industrie
qu'en politique.

Le but des légitimistes est donc aussi noble que
grand. Quels sont les moyens dont ils disposent
pour l'atteindre ?

Tout système politique, par cela seul qu'il a
existé, compte et doit compter sur un ensemble de
pratiques déterminées dont il ne lui est pas loisi-
ble de se départir. Le parti qui le représente ne
lui permettrait pas ce qu'il appellerait une défail-
lance, et abandonnerait le prince assez osé pour
se passer des principes et des hommes en qui il
s'est, en quelque sorte, incarné ; il est certain, de
ce chef, que la noblesse se croirait tout au moins
un droit de préférence à l'obtention des grandes
fonctions de l'État, et que la religion monterait sur
le trône avec le représentant de la légitimité.
Ce serait un double péril pour les intérêts que
l'on prétend servir.

Notre société est bien décidément démocratique;
elle a les ardeurs, les ressentiments, les passions
mêmes de toute démocratie ; comment espérer
d'elle quelque sagesse, quand on verra la scène politique envahie par des personnalités qu'elle ju-
gera avec une extrême et injuste méfiance, par cela

seul qu'elles ne sortiront pas de son sein? comment
espérer de lui faire démêler, sous les faveurs dont
jouissent ces personnages, le bien de la fonction et
le principe supérieur auquel on obéit? Comment
s'y prendre pour étouffer sa jalousie, quand elle a
tant de peine à ne pas envier ses propres enfants,
ces parvenus d'hier, qui ont cependant l'excuse de
leurs talents?

Ce n'est pas en vain qu'on plante au sommet de
la société un drapeau d'une couleur accusée ; il
faut de toute nécessité que le pouvoir nouveau soit
étayé par une hiérarchie sociale conforme ; le Roi
seul légitime, environné et l'on peut dire sub-
mergé par une société politique élue, serait une
sorte de monstruosité; en tous cas, un phénomène
sans cause et sans durée.

D'ailleurs, c'est imaginer fort gratuitement ac-
complie une révolution radicale dans les esprits
que de supposer la nation adoptant le principe du
droit divin, en ce qui regarde le choix de son souverain, et se cabrant seulement contre les con-
séquences inévitables de ce principe : la vérité
vraie, la vérité triste où heureuse, selon nos diverses opinions, c'est que la reconnaissance de la
légitimité implique une foi que nous n'avons plus,
et il y a déjà longtemps que nous avons dû renon-

cer à tout système qui a la prétention de se sous-
traire aux exigences de la critique.

Eh ! sans doute, un pouvoir unanimement con-
senti est plus fort qu'un pouvoir même unanimement élu, et si l'on a été obligé d'avoir recours à
l'urne électorale, c'est qu'il était manifestement
certain que nous avions cessé d'être tous du même
avis ; c'est donc sagesse de délaisser un instrument
qui a rendu autrefois d'immenses services, mais
qui est vieilli et hors d'état d'assurer dans le présent cette perpétuité du pouvoir qui a été sa raison
d'être et son honneur dans le passé.

Il est bien facile de prouver aussi que la religion
et son action bienfaisante ont tout à gagner à n'être
pas patronnées officiellement par l'État : depuis
notre grande Révolution de 1789, les plus ardents
défenseurs des idées religieuses n'en ont pas toujours été les plus avisés ; sous la Restauration,
l'esprit antireligieux a été très-chaudement caressé
par l'opinion publique, et la société devenait impie
en haine d'une piété officielle ; c'est l'époque de
Béranger, de Paul-Louis Courier, et des exagéra-
tions ridicules de ce qu'on a appelé fort mal à pro-
pos l'esprit philosophique ; c'est l'époque des édi-
tions successives et nombreuses des œuvres de
Voltaire et de Rousseau. Sous la monarchie de
1830, on revint à des sentiments plus tolérants

parce qu'on soupçonnait le prince d'être légèrement sceptique en ces matières ; et, après 1848, le mouvement religieux a repris une faveur que les républicains n'ont certes pas désirée, mais dont ils sont cependant les véritables, quoique involontaires, auteurs. Pour ne parler que d'hier, n'est-il pas évident que les petits philosophes municipaux qui ont arraché les christ du chevet des mourants ont fait une propagande religieuse bien plus efficace que les sermons les plus éloquents du plus grand de nos écrivains catholiques ?

Ah ! si j'avais quelque crédit sur certains esprits éminents qui prétendent diriger les efforts de l'Eglise, comme je leur crierais qu'ils se trompent, comme je leur prouverais qu'ils ressemblent aux républicains, à la différence près de l'intention !

La société chrétienne, depuis sa naissance, a compris son rôle de bien des manières différentes : au temps de Jésus, au moyen âge, aujourd'hui, elle a obtenu le respect et l'amour des choses saintes par des procédés fort différents, qui ont successivement varié avec l'état des esprits et la diffusion des lumières : ses ministres ont été tour à tour pauvres et puissants, entourés de gloire seulement ou de gloire et d'honneurs ; ils ont été pasteurs, guerriers, princes, se pliant aux nécessités du milieu où ils vivaient et obligés, pour être compris, de parler la langue que l'on parlait autour d'eux.

De cette diversité d'allures de la religion, il est bien permis de conclure à l'obligation pour elle de comprendre notre siècle, si elle veut, à son tour, être comprise et obéie par lui.

Ne craignez rien : nous sommes orthodoxes ; notre bon Dieu, à nous, n'est pas le Dieu froid des protestants, encore moins ce Dieu des savants arraché à une équation ; notre bon Dieu n'est pas seulement raisonnable ou algébrique, il est charmant, bon au delà de tout, aimable par surcroît, et nous aimons à loger son image dans d'immenses basiliques, qu'aux jours de fête nous remplissons de fleurs, d'or et de suave musique ; nous ne voulons pas, pour cet élu de notre cœur, les quatre murailles dénudées que les protestants trouvent suffisantes pour le leur ; nous n'aimons pas davantage qu'on lui assigne pour unique demeure la cervelle d'un penseur, nous méfiant à juste titre des soins qu'on lui rendra dans un temple aussi peu contrôlé.

Notre orthodoxie est donc à l'abri du soupçon ; mais il faut convenir d'un autre côté qu'on nous représente parfois la religion comme une règle austère jusqu'à la dureté ; nous entendons souvent certains docteurs nous offrir comme bons à méditer et

à suivre dans le présent, des faits du temps passé
qui étonnent nos esprits, déroutent nos meilleures
aspirations et dont nous aimions et à rejeter la res-
ponsabilité sur une époque dure et violente, qui ne
reparaîtra jamais ; après les grands miracles par-
lants et éternels du ciel et de la terre, de la fleur qui
s'épanouit et de l'homme qui pense, après ceux
qu'une tradition vingt fois séculaire a consacrés, on
inquiète notre jugement, sans rien ajouter à nos
croyances par l'apparition de tout petits miracles
modernes ; c'est faire fausse route et ne pas comprendre le temps où nous vivons.

Quoi qu'il en soit de ces conseils, qui ne seront
pas écoutés, bien qu'ils soient donnés en toute
sincérité, il reste certain qu'en ces matières, les
exagérés vont toujours contre le but qu'ils se pro-
posent, et que les républicains valent les ultra-
montains, à cette différence près que les premiers
servent la religion que les seconds desservent ; car
il semble être de son essence même de grandir
sous l'insulte et de périr sous les empressements
intéressés. On dirait qu'elle se rappelle être venue
au monde avec une couronne d'épine sur la tête.

Ne faisons donc pas monter la Religion sur le
trône.

Sur les deux points que nous venons de traiter,

les principes de la légitimité sont justes, mais les moyens sont impuissants.

Il en est de même en industrie :

On commence d'abord par établir que le morcellement des fortunes, sous l'action des partages égaux entre les enfants, est un obstacle insurmontable au développement de notre richesse : rien n'est plus contestable, et les vingt ans qui viennent de s'écouler donneraient, au besoin, un démenti éclatant à cette affirmation; il s'en faut, d'ailleurs, que la loi du morcellement des fortunes et du territoire soit une loi sans compensation. Chacun de nous, en effet, a été à même d'observer une loi parallèle de recomposition, qui a empêché notre territoire tout entier de tomber en parcelles, ou même en poussière, ce qui n'aurait pas manqué d'avoir lieu si, depuis soixante-dix ans, la première de ces lois avait seule existé.

En ce qui concerne plus spécialement l'industrie, il est certain qu'elle n'a plus à sa disposition ces grandes existences immobilisées dans une même famille, et que, d'un autre côté, d'énormes capitaux sont plus nécessaires que jamais à la création des usines modernes. C'est vrai, mais on a trouvé moyen de réunir les fonds indispensables, au moyen des sociétés par actions, et rien ne prouve que les utiles et gigantesques entreprises qu'on a instalées de la sorte doivent disparaître de sitôt ; on peut affirmer que, si, comme tout le fait espérer, elles traversent sans dommage la crise terrible que nous subissons, elles sont à tout jamais fondées.

A quoi bon alors bouleverser notre code pour remédier à une situation qui n'est pas en péril sérieux, quand il est certain que ce bouleversement ne pourrait être obtenu qu'après de pénibles efforts, et en portant un coup douloureux à une des religions politiques de ce peuple qui en a si peu ; au partage égal des biens entre des enfants qu'on chérit d'une tendresse égale ?

Écoutons donc les sages conseils de la légitimité, suivons la route qu'elle nous indique, mais ne confions pas les rênes à sa main débile et vieillie : le char n'arriverait pas au but.

II

Plus habile ou moins vaillante, la bourgeoisie, en prenant le gouvernement de la France, n'a pas affiché de programme, et c'est par le nom même de l'instrument politique dont elle a fait usage que son règne est connu ; c'est donc au régime parlementaire qu'il nous faut adresser les questions que nous venons de poser au principe de la légitimité.

Il est bien entendu, avant toute discussion, que nous ne faisons pas à la bourgeoisie la mauvaise querelle qu'on lui a fait souvent d'être inhabile à gérer nos intérêts, par cela seul qu'elle n'est qu'une fraction du peuple et non le peuple tout entier. Il n'y a en ces matières qu'un droit incontesté, qui est celui du succès ; une nation est parfaitement maîtresse de confier ses destinées à qui bon lui semble : nobles, prêtres, bourgeois, militaires ou

peuple. Elle n'a jamais exigé de tous ces gens-là
que de mener la barque à bon port.

Donc, pas de question de droit! Demandons seulement à cette forme de gouvernement ce qu'elle
est et où elle tend, ses moyens et son but,

Lorsque M. Guizot, sous la Restauration, installa
pour la première fois en France le régime parlementaire, il ne se dissimula pas que cette impor-
tation anglaise avait peu de chances de vivre heu-
reusement côte à côte avec notre démocratie, et il
avoue loyalement dans ses mémoires que s'il a
tenté cet essai, c'est qu'on n'avait à cette époque
rien d'autre sous la main.

La machine fonctionna quinze ans, de 1815 à
1830. Mais tant de causes connues contribuèrent
à la chute de la Restauration, qu'il n'est pas besoin d'aller en chercher la cause dans le jeu défec-
tueux de nos institutions politiques. Au contraire,
sous le règne du roi Louis-Philippe, le Parlementarisme eut ses coudées franches, c'est là qu'il est
bon et juste de l'étudier.

Alors, et il importe de le rappeler aujourd'hui,
ce mot ne signifiait pas seulement un régime qui
admet un Parlement, c'eût été simplement un régime constitutionnel, il supposait en plus le Parle-

ment souverain ; j'entends par là que le prince n'est pas l'élu du peuple, mais seulement l'élu de l'Assemblée, et que ses ministres, tout en tenant officiellement le pouvoir de sa main, ne relèvent que de la Chambre, qui les nomme en réalité. En deux mots, *le roi règne et ne gouverne pas ;* c'était et c'est encore la règle sainte proclamée par tous les adeptes.

Réduite à ses organes principaux et pour ainsi dire mise à nu, cette machine politique révèle à l'œil le moins clairvoyant un défaut de premier ordre : il y manque un rouage essentiel qui n'est rien moins que la tête.

Dans un pays aristocratique, la société se gouverne elle-même parce qu'elle fait les frais d'une classe spéciale qui n'a d'autre mission que d'être une classe gouvernante, et qui puise dans la grandeur des intérêts qui lui sont confiés, dans la possession séculaire et incontestée de toutes les forces vives de la nation, l'esprit de gouvernement ; soit, en deux mots : la hauteur de vues et l'impartialité. Un Parlement anglais pourra, dans telles circonstances données, ratifier un bill qui ruinera la moitié de ses membres ; un Parlement français ne votera jamais une loi qui pourrait l'amoindrir ; quand on a charge d'âmes, qu'on est législateur de père en fils et qu'on travaille depuis des siècles

sous l'œil du pays, on se sent capable d'un dévoue
ment qu'il est ridicule d'attendre d'un député de
passage, ignoré la veille, obscur demain, et dont
la puissance éphémère lui paraît utilement em-
ployée à soigner de petits intérêts qui parfois ressemblent aux siens propres.

Un parlement en France ressemble à s'y mé-
prendre à une société commerciale sans gérants,
à une réunion d'actionnaires sans président; les
discours y pleuvent, les invectives n'y sont pas
rares, mais de décision, il n'y faut point compter.

Dans notre pays, le chef de l'État, de quelque
nom qu'on le décore, est absolument indispensable, son rôle est celui d'arbître impartial entre des
intérêts, toujours très-ardents à la lutte et parfois
opposés. Si cette fonction vient à faire défaut, toute
la machine sociale s'en ressentira.

Cette obligation, où se trouvent les parlementaires de ne faire usage que d'un gouvernement
sans tête, mène fatalement à des résultats qui,
pour être inattendus, n'en sont pas moins logi-
ques. On sait que la Bourgeoisie est tout au moins
en froid avec le suffrage universel, elle tourne
avec défiance autour de ce redoutable moyen de
gouvernement comme un enfant autour d'une
lourde et grande épée, et elle a comme un instinct

secret que cette arme farouche n'est pas faite pour sa main délicate ; sans se rendre peut-être un compte exact des motifs de sa répugnance, elle la ressent vivement, mais n'ose pas l'exprimer tout haut : la chose se peut expliquer cependant de la manière la plus naturelle, par cette loi physique qui porte tout être créé à veiller au soin de sa conservation ; il est bien évident, en effet, que tant que cette urne électorale restera béante, elle peut servir à élire un Prince ou un Président de République qui trouvera dans cette élection même les élément d'une puissance égale ou supérieure à celle du Parlement.

Autrement dit, le suffrage universel peut faire de véritables chefs d'État, et le Parlement n'est plus souverain. Tout s'explique alors, et il est entendu tout bas, entre les chefs avisés de l'entreprise parlementaire, qu'on musellera le monstre au plus tôt ; la chose se passera sans grand tapage, et le plus doucement du monde ; les campagnards seront d'abord exclus comme illettrés et les ouvriers des villes auront bientôt leur tour après, comme brouillons ; les faits ont leur logique, et si la bourgeoisie reprend le gouvernement, cette révolution politique est certaine. On s'apercevra, hélas ! trop tard qu'en tuant le suffrage universel, on a brisé la meilleure arme du parti conservateur.

Le système électoral actuel ayant disparu, les candidatures officielles fleuriront sur ses ruines. En effet, lorsque le chef de l'État choisit réellement ses ministres, il peut regarder avec impartialité les candidats se débattre dans l'arène électorale ; son premier besoin est d'être éclairé sur les vœux du pays, et sa situation personnelle n'est pas nécessairement ébranlée par tel ou tel choix. Toute autre est la situation quand ce sont des ministres parlementaires qui gouvernent : il y va de leur existence politique à faire triompher leurs amis ; aussi n'y épargne-t-on rien, ni les actes, ni les théories. MM. Casimir Perrier, Guizot, Thiers, Duchatel, Martin du Nord ont proclamé, du haut de la tribune, cette incontestable vérité : que le régime parlementaire n'entend ni ne peut se passer des candidatures officielles.

Sans doute, il ne faut guère espérer d'un gouvernement quelconque qu'il se désintéresse absolument dans une circonstance aussi grave que celle des élections générales du pays. Ce renoncement absolu n'est pas le fait des hommes, mais il était utile de faire comprendre la corrélation nécessaire qui existe entre l'impartialité possible d'un gouvernement qui a un chef à sa tête et l'impartialité impossible d'un gouvernement sans chef.

Il n'est pas besoin de s'appesantir longuement

sur une autre conséquence inévitable de ce dernier
mode de gouvernement. Tout le monde l'a pres-
senti, et les amis du Parlement souverain ne font
pas mystère de leurs espérances à ce sujet. Le
libre-échange et le traité de commerce sont choses
perdues à l'avance. Je ne prétends pas juger en
ce moment si ces réformes commerciales ont été
un bien ou un mal pour notre pays ; je me borne à
constater seulement qu'à titre de préjugé, si l'on
veut, la liberté du commerce semble une mesure
politique favorable aux intérêts du plus grand
nombre, et pouvant nuire, momentanément au
moins, à ceux de la classe bourgeoise. Quand il
existe un chef d'État qui représente l'ensemble des
besoins de tous les citoyens, la chose peut être dis-
cutée contradictoirement avec le Parlement ; quand
le Parlement est tout, il serait oiseux de s'attendre
à une impossible générosité.

On sait également ce qui arrivera de ces pro-
blèmes de philosophie sociale et de philanthropie
politique où étaient discutées naguère, avec une
passion bienveillante, toutes les questions que sou-
lève la vie morale et matérielle des classes ou-
vrières. La bourgeoisie, qui sait être bienveillante
charitable pour toutes les misères qu'elle rencontre,
sur sa route, ne veut pas laisser diminuer sa situation ; sa bourse reste généreusement ouverte à
toutes les infortunes imméritées, mais à la condi-

tion de ne pas rapprocher législativement le patron
de l'ouvrier ; elle entend que les droits comme les
devoirs restent différents.

C'est aussi une conséquence de ce régime où
le prince ne gouverne rien, que la politique des-
cende fatalement, des hauteurs sereines où elle
devrait habiter, dans des misères inextricables de
détails. Chaque député étant réellement souverain
de sa petite localité, c'est de là que part tout
mouvement, c'est là que tout mouvement aboutit ;
les affaires publiques sont traitées par le menu.
Les idées larges et générales, les pensées fé-
condes d'avenir, la prévoyance lointaine, ces entreprises qui demandent à la fois de l'énergie et de
la patience, tout cela ne naît pas à l'ombre du clo-
cher électoral ; on sent confusément qu'il manque
un metteur en œuvre à tous ces matériaux épars ;
il faudrait un dénominateur commun à ces nom-
bres sans valeur et sans signification dans leur
isolement ; une raison sociale à cette maison de
commerce sans boussole ; la satisfaction indéfinie
des intérêts matériels de tous les arrondissements
électoraux ne suffit pas à désintéresser les besoins supérieurs du peuple, et tous les députés
français se déclareraient satisfaits, qu'il resterait
encore à pourvoir le député de la France.

Le régime parlementaire, importé récemment
et par raccroc dans notre pays, nous paraît avoir
donné sa pleine mesure de 1830 à 1848, et aussi

de 1865 à 1870, où on a réussi à le faire adopter par l'empire.

C'est décidément un arbre qui ne veut pas pousser dans notre sol français ; pas plus en franc de pied que par greffe ; hostile au suffrage universel, prodigue de discours et avare d'action , il semblerait aussi mal approprié que possible à une situation qui va exiger le concours ardent, laborieux et sans phrases de toutes les énergies individuelles.

III

La République compte en France un nombre assez restreint d'admirateurs passionnés ; un nombre plus grand de citoyens la laisseraient s'établir sans opposition mais sans enthousiasme, et la masse du peuple, que les questions de forme politique touchent peu, ne lui demandera que ce qu'elle exige de tout gouvernement, la sécurité et le travail. Au nombre de ses meilleures chances de succès, il faut compter en première ligne le peu de chances actuelles de ses compétiteurs, et parmi ses adversaires les plus redoutables, il est juste de ranger les républicains eux-mêmes. Ces derniers ont commis deux fautes sérieuses, qui suffiront à les écarter, momentanément au moins, de la scène politique.

Leurs discours, leur conduite, leurs sympathies bruyamment révélées ont fait comprendre à toute individualité importante dans le pays qu'elle ne devait compter que sur le dédain ou les mauvais traitements de la République. Le choix du nouveau personnel administratif, les destitutions de corps constitués, soulignés et expliqués par de nombreux discours officiels, n'ont pu laisser de doute dans l'esprit de personne ; les résultats d'une pareille pratique ne se sont pas fait attendre ; les républicains ont récolté de la sorte quelque chose qui ne ressemble en rien à l'affection, et les gens d'esprit qui prennent bravement leur parti d'une disgrâce de courte durée ont souri de la sottise d'un parti qui, au lieu de cacher avec prudence le peu de racines qu'il se sait dans le pays, prend un soin jaloux de crier par-dessus les toits son isolement et sa misère.

Ce fut une faute aussi de n'avoir pas fait montre d'un drapeau quelconque : la première de toutes les conditions pour demander et obtenir des suffrages, c'est de dire aux citoyens interpellés ce que l'on veut et où l'on prétend aller. Sans doute, le mot de république a sa signification propre ; il dit, à lui seul, que l'on gouvernera en se passant d'un roi ; mais si un pays peut faire des sottises quand il a un prince à sa tête, il peut en faire également quand il s'est débarrassé de ses têtes couronnées. L'explication n'est donc pas suffisante ; depuis 1789, en effet, il y a eu je ne sais combien d'essais de ré-publiques les plus diverses, plus différentes entre elles que le gouvernement du czar de Russie ne l'est du gouvernement de Washington.

Il est indispensable, si l'on veut se créer des partisans, de déclarer nettement ses préféren-ces. Si la République se survit à elle-même, et que, des mains qui l'ont compromise jusqu'ici, elle passe sous une tutelle plus intelligente, il est bon, il est nécessaire, il est urgent que les nouveaux venus fassent un choix définitif, et que le peuple, en votant, sache pour quoi il vote.

Parmi tous les essais éphémères de constitutions républicaines, il est facile de distinguer deux for-mules : l'une arrêtée dans ses contours, l'autre en-core un peu indécise ; la première, c'est la dicta-ture d'une Assemblée ; l'autre, c'est la constitution de 1848. Si les hommes qui vont surgir des événements, et qui se donneront pour mission d'établir le nouveau gouvernement s'arrêtaient à cette forme dictatoriale, il est bon qu'ils le disent très-haut, comme d'honnêtes gens qu'ils seront sans aucun doute. Mais après cette proclamation de leur principe, on peut leur prédire, au jour du scrutin, un insuccès éclatant ; s'ils se décident pour la constitution de 1848, il faudra encore, avant de se présenter au peuple, qu'ils prennent une résolution nécessaire ; cette Constitution a voulu réunir deux choses absolument contradictoires : l'indépendance du chef de l'État et la souveraineté de l'Assemblée ; par son élection au moyen du suffrage universel, le Président était bien le représentant véritable de la nation, mais comme ses ministres allaient à la Chambre, ils étaient, en fait, les serviteurs de cette dernière et non ceux du chef de l'État.

Une situation aussi embarrassée ne pouvait que créer des embarras ; une lutte était inévitable entre ces deux pouvoirs presque également souverains ; et si le général Cavaignac avait été élu, à la place du prince Louis-Napoléon, la bataille eût pu être retardée, mais non évitée ; de même que l'Empire, mal inspiré, a cru faire du libéralisme en déposant sa couronne au sein du Parlement, de même les républicains, mal avisés, ont cru faire de l'autorité en donnant un pouvoir supérieur à un homme qui ne pouvait l'exercer utilement qu'en brisant le Parlement ; des deux parts ; c'était la confusion.

De cette longue dissertation, il résulte que le parti qui voudra gouverner la France ne peut se servir utilement ni du principe de la légitimité, qui est honorable dans son but, mais impuissant dans ses moyens, ni du régime parlementaire, qui n'est qu'un gouvernement sans tête, impossible dans notre pays, et qu'il peut et doit prendre en main la constitution de 1852. C'est là le vrai type français moderne ; la légitimité est aussi un type français, mais vieilli ; le parlementarisme n'est qu'un type étranger.

Inutile de dire que cette constitution de 1852 peut s'adapter à toutes les exigences du jour : elle comporte la liberté de la presse, la liberté absolue de la tribune, et n'est pas astreinte à avoir à son sommet un souverain héréditaire ; tout cela est nécessairement variable selon les temps ; ce qui reste et doit rester, c'est le principe vrai et éminemment national, d'un chef élu par le peuple, et d'une assemblée chargée d'un contrôle qui peut être aussi efficace qu'on le voudra, puisque c'est elle qui vote l'impôt, mais devant laquelle ne paraîtront pas les ministres du pouvoir exécutif.

Il y aura peut-être des gens pour prétendre que ce n'était pas la peine de renvoyer l'empire, si on doit reprendre l'instrument politique qui a fait sa gloire pendant les dix premières années de son existence. Mais il faut répondre qu'on a renvoyé en 1870 un empire parlementaire, c'est-à-dire la négation absolue de la Constitution de 1852. Et si on insiste, si on montre quelqu'embarras pudique, il faut demander à ces gens trop scrupuleux s'ils ne comptent pas faire usage des canons Krupp, par la considération qu'ils ont été inventés par nos ennemis.

Paris, ce 1er Février 1871

ÉDOUARD BOINVILLIERS

Paris. — Imprimerie DUBUISSON et Cⁱᵉ, rue Coq-Héron,5. 668